Petre Puskasu

Der Gaullismus

GRIN Verlag

Bibliografische Information der Deutschen Nationalbibliothek:

Die Deutsche Bibliothek verzeichnet diese Publikation in der Deutschen National-
bibliografie; detaillierte bibliografische Daten sind im Internet über http://dnb.d-
nb.de/ abrufbar.

Impressum:

Copyright © 2005 GRIN Verlag GmbH
Druck und Bindung: Books on Demand GmbH, Norderstedt Germany
ISBN: 978-3-638-76905-1

Dieses Buch bei GRIN:

http://www.grin.com/de/e-book/70299/der-gaullismus

GRIN - Your knowledge has value

Der GRIN Verlag publiziert seit 1998 wissenschaftliche Arbeiten von Studenten, Hochschullehrern und anderen Akademikern als eBook und gedrucktes Buch. Die Verlagswebsite www.grin.com ist die ideale Plattform zur Veröffentlichung von Hausarbeiten, Abschlussarbeiten, wissenschaftlichen Aufsätzen, Dissertationen und Fachbüchern.

Universität Wien
Institut für Romanistik

Landeswissenschaftliches Seminar Französisch „La Ve République" WS 04/05

SEMINARARBEIT:

DER

GAULLISMUS

Petre Puskasu

Inhaltsverzeichnis

POUR LA FRANCE[1]
POUR LA REPUBLIQUE
J'EN APPELLE A VOUS
FRANÇAISES, FRANÇAIS !

La route de la France longe l'abîme. Mais ses guides chancellent à chaque pas. C'est assez ! Pour conduire la nation, il faut un Etat juste et fort

(...)

J'en appelle à vous tous, Français, Françaises ! Aujourd'hui devant la menace, comme hier dans le drame de la guerre, il faut pour le salut de la France, le RASSEMBLEMENT DU PEUPLE FRANÇAIS !

Charles de GAULLE

i.) Einleitung

De Gaulle ist Frankreich und stark mit der französischen Identität und dem französischen Kollektivgedächtnis verbunden. Vieles erinnert an ihn und an die Tatsache, dass de Gaulle bereits zu Lebzeiten über ein sehr großes politisches und soziales Prestige verfügte- Denkmäler; Straßen, der größte Flughafen von Paris, Kriegsschiffe werden nach ihm benannt; heute identifizieren sich nicht wenige Politiker Frankreichs mit dem General de Gaulle und bekennen sich zum Gaullismus.

De Gaulle als Befreier Frankreichs ist vielen ein Begriff, de Gaulle als Politiker ebenfalls. Heute hat man das Gefühl, wenn man in Frankreich ist, einen wahrhaftigen Boom um die Persönlichkeit des Generals de Gaulle zu erleben.

Doch was bedeutet „Gaullismus"? Ist es eine Philosophie, eine historische oder politische Dimension? Wofür tritt er ein und kann es einen Gaullismus ohne de Gaulle geben?

Zweck dieser Arbeit wird es nun sein, diesen Fragen nachzugehen sowie nicht zuletzt zu versuchen, diesen weitläufigen Begriff mit Substanz zu füllen und ihm eine Gestalt, ein nachvollziehbares Antlitz, zu geben, auch wenn es im Rahmen dieser Arbeit nur zu einer schematischen Skizzierung dieses umfangreichen Begriffes kommen wird.

Die Periodeneinteilung des Gaullismus berücksichtigend, werde ich hierbei jeweils eine kurze Erläuterung geben, um mich dann aber vor allem auf die Zeit der Präsidentschaft des Generals de Gaulle zu konzentrieren, weil ich einerseits der Meinung bin, dass diese Periode am besten als Beispiel für die Erläuterung der Werte, für die der Gaullismus eintritt, dient, und andererseits eine umfassendere Behandlung des Themas den Rahmen dieser Arbeit sprengen würde.

---

[1] Auszug aus einem Wahlkampfplakat der R.P.F. (Rassemblement du Peuple Francais), der politischen Bewegung de Gaulles, 1951

ii.) Dimensionen des Gaullismus

Was versteht man unter Gaullismus? Der Gaullismus ist eine politische Bewegung, deren zentraler Angelpunkt die Persönlichkeit des Generals de Gaulle, mit ihrem politischen und sozialen Prestige, darstellt[2]. Dabei weist der Gaullismus eine historische, politische und philosophische Dimension auf.[3]

ii.a. Philosophie des Gaullismus

Als Philosophie tritt der Gaullismus für solche Werte, wie für den Voluntarismus, für die Aktion und für die Wahrung der höheren Legitimität gegenüber der Legalität, ein.[4]

Hierzu stellt sich für den Gaullismus die Schlüsselfrage: *Was ist legitim und was ist es nicht?*

André Malraux oder etwa Maurice Druon haben diese Werte der gaullistischen Philosophie vertreten.

ii.b. politische Doktrin des Gaullismus

Man könnte einige politische Prinzipien eruieren, deren Durchsetzung ein großes Anliegen der gaullistischen Politik waren: innenpolitisch ist einerseits das Bestreben beispielgebend, die Institutionen der V. Republik zu stärken, um somit einen starken Staat zu bilden (z.b.: das Parlament /Asemblée Nationale im Vergleich zum Senat zu stärken), andererseits das Projekt der Zentralisierung (>> *macro- participation*).

Der Gaullismus ist des weiteren bestrebt, die Position und politische Macht des Staatsoberhauptes im Vergleich zu der des Parlaments zu stärken; darüber hinaus wird den politischen Parteien eine geringere Rolle als politische Mitspieler zuerkannt und in diesem Zusammenhang vor allem auf den direkten Dialog Staatsoberhaupt-Volk mittels Volksabstimmungen, d.h. auf die direkte Demokratie nach dem Modell der Schweiz, gesetzt.

Was die Vorstellungen der Wirtschafts- und Sozialpolitik des Gaullismus betrifft, so wurde hier als Gangart ein so genannter dritter Weg (>> *troisième voie*) eingeschlagen, d.h. weder Kapitalismus, noch Marxismus, sondern Ausbau des Dialogs bzw. der Partnerschaft zwischen den Investoren und den Gewerkschaften (Arbeitnehmern). Weiters spielt der Staat eine regulierende Rolle in der Wirtschaft und wichtige Sektoren- etwa der der Industrie- bleiben unter staatlicher Kontrolle. Hierzu wäre die Erwähnung des Begriffs *sozialer und wirtschaftlicher Pragmatismus* von Bedeutung, in dessen Rahmen die nationale Wirtschaft nicht an eine fremde Währung (etwa den Dollar) gekoppelt werden sollte und nicht völlig der freien

---

[2] Vgl. Polin, C. *L`évolution des idées du XVIIIe au XXe siècle* [Cours de Civilisation Française de la Sorbonne, Semestre de Printemps 2003]
[3] Vgl. Lacouture, J.: *De Gaulle 1-3*, Ed. du Seuil, Paris 1984-86
[4] Vgl. Roussel, E.: *De Gaulle*, Gallimard 2002

Marktwirtschaft unterworfen werden sollte, sondern bis zu einem Grad auch vom Staat mitgelenkt werden sollte.[5]

Außenpolitisch sind im gaullistischen Vokabular solche Begriffe wie „ republikanischer und europäischer Nationalismus" (>> *nationalisme républicain et européen*) oder „ dritter Weg in der Außenpolitik" (>> *toisième voie internationale*) anzutreffen. Ähnlich wie in der Wirtschafts- oder Sozialpolitik sucht der Gaullismus einen dritten internationalen Weg, d.h. vertritt der Gaullismus die Idee eines starken Frankreichs, das sich weder unter den Einfluss der U.S.A., noch dem der Sowjetunion begibt, sondern eine dritte Macht zwischen diesen Blöcken bildet. Der Gaullismus ist bemüht, auch in der Außenpolitik, ein Gleichgewicht der Mächteverlagerung herzustellen, etwa in der Bestrebung, eine Konföderation der europäischen Staaten ins Leben zu rufen (>> *Europe des patries*), die unabhängig von den Mächten U.S.A. und UdSSR agieren sollte. Als beispielhafter Schritt in diese Richtung ist die unter dem General de Gaulle vollzogene Versöhnung zwischen Deutschland und Frankreich zu sehen.

Außerdem tritt der Gaullismus außenpolitisch für die Dekolonisation ein.[6]

iii.) Perioden des Gaullismus

Man könnte diachronisch den Gaullismus in vier Perioden einteilen:[7]

1. 1940-1946: historischer Gaullismus (>> *Gaullisme historique* oder *Gaullisme de guerre*)
2. 1946-1958: Gaullismus in der Opposition (>> *traversée du desert*)
3. 1958-1969: Gaullismus an der Macht (>> *Gaullisme au pouvoir*)
4. nach 1969: Gaullismus nach de Gaulle (>> *Gaullisme sans de Gaulle*)

iv.) historischer Gaullismus (1940-1946)

In dieser Periode spielt der Gaullismus weniger die Rolle einer politischen Bewegung, sondern mehr jene einer nationalen Befreiungsbewegung gegen den Faschismus (>> *Résistance*). Der größte Verdienst des Gaullismus und speziell des Generals de Gaulle zu dieser Zeit ist die Bildung einer politischen Vertretung Frankreichs im Ausland, die von den Alliierten als kämpfende Kraft gegen Hitler-Deutschland anerkannt wurde. Nach der Bildung der „Bewegung für ein freies Frankreich" (>> *Comité français de Libération nationale* /CFLN), aus dem 1944 die provisorische Regierung der Republik Frankreich (>> *Gouvernement provisoire de la*

---

[5] Vgl. dazu auch Yergin, D. et al. *Staat oder Markt*, Frankfurt/ Main, 1999
[6] Vgl. dazu Lacouture, J.: *De Gaulle 1-3*, Ed. du Seuil, Paris 1984-86
[7] Vgl. Polin, C. *L`évolution des idées du XVIIIe au XXe siècle* [Cours de Civilisation Française de la Sorbonne, Semestre de Printemps 2003]
 bzw. Aussage von Loewe, S. im Rahmen des Seminars *La Ve République* , Wien im WS 2004

République française) hervorgehen wird, hat der General de Gaulle es erreicht, dass Frankreich am 8. Mai 1945 auf Seiten der Sieger stand.[8]

Bis zu seinem Rücktritt 1946 hat de Gaulle die schwere Industrie verstaatlicht sowie auch die Renault-Werke. Es wurden Merkmale der Planwirtschaft in Frankreich umgesetzt, wie beispielsweise die Erstellung von Fünfjahresplänen (>> *quinquennaux*), die die Wirtschaftsproduktion optimieren sollten.[9]

iv.a.) Legitimitätsfrage

In dieser Zeit entstand die Idee de Gaulles, Frankreich sei kein geographisch begrenztes Territorium, wie beispielsweise es der Marschall Pétain ansah, sondern eine Gesamtheit von Ideen, Prinzipien und Werten, wie etwa das Prinzip der Demokratie oder der Wahrung der Menschenrechte. Daraus schloss de Gaulle, dass man nicht in Frankreich sein müsse, um Frankreich zu vertreten. Für den Marschall Pétain war die Vertretung Frankreichs mit der Präsenz auf dem französischen Territorium verbunden und deswegen erkannte er den Anspruch General de Gaulles, Frankreichs einziger legitimer Vertreter zu sein, nicht an und ließ diesen in Abwesenheit wegen Hochverrats zum Tode verurteilen.[10]

Der Diskurs um die Frage der Legitimität entbrennt zwischen de Gaulle und Pétain. Während Pétain argumentiert, er hätte die formelle Legitimität inne, da er vom Parlament gewählt wurde, sieht de Gaulle seine Legitimität als einziger Vertreter Frankreichs dadurch gegeben, dass er die Werte, die seiner Meinung nach Frankreich ausmachen, verteidigt. De Gaulle spricht in diesem Zusammenhang von einer *mystischen Legitimität* (>> *légitimité mystique sinon constitutionnelle*).

Für de Gaulle ist der Antigaullismus dem Hochverrat gleich zu setzen, wie im übrigen auch für Pétain. (>> *quiconque n`est pas avec moi est contre moi, contre la France*)[11]

v.) Gaullismus in der Opposition (1946-1958)

Da de Gaulle sich dem Parteieneinfluss entziehen wollte, zieht er sich 1946 von der Macht nach Colombey-les-Deux-Eglises zurück. Man kennt aber seine Meinung zu der politischen Situation in Frankreich, denn er meldet sich oft zu Wort. De Gaulle bringt seine politischen Ideen deutlich zum Ausdruck (z.B.: 1946 Diskurs von Bayeux) - etwa seine Präferenz für eine Präsidialrepublik mit einem direkten Dialog zwischen dem Staatschef und dem Volk.

1946 ist die Kommunistische Partei die mächtigste Partei Frankreichs und bildet eine Koalition mit den Sozialisten und Volksrepublikanern, die aber nur von kurzer Dauer ist, da die Differenzen zwischen den

---

[8] Vgl. Bracher, K. F. *Zusammenbruch des Versailler Systems und Zweiter Weltkrieg*, S. 125f in: Propyläen-Weltgeschichte, Berlin 1999
[9] Vgl. dazu auch Yergin, D. et al. *Staat oder Markt*, Frankfurt/ Main, 1999
[10] Vgl. Touchard, J. *Le gaullisme*, Paris 1978
[11] Vgl. Roussel, E.: *De Gaulle*, Gallimard 2002 bzw. Lacouture, J.: *De Gaulle 1-3*, Ed. du Seuil, Paris 1984-86

Koalitionspartnern zu groß ist.[12] Die Vierte Republik wird gegründet (13.10); die Kommunisten verstaatlichen Bergwerke, Gas-, Elektrizitäts- und Versicherungsgesellschaften.[13]

1947 wird die Kommunistische Partei aus der Regierungskoalition ausgeschlossen und Charles de Gaulle gründet die *Sammlungsbewegung des französischen Volkes* RPF [>> *Rassemblement du peuple français (1947-1952]* und fordert ein Präsidialregime. Eine Streikwelle findet im Winter 1947/48 statt. In den folgenden Jahren kommt es zu einem raschen Wechsel der Regierenden.[14] Bei den Wahlen zur Nationalversammlung 1951 erhalten die Kommunisten und die Anhänger de Gaulles die meisten Stimmen.

1952 wird eine umfangreiche Amnestie (die vierte seit 1947) erlassen[15]; Charles de Gaulle löst die Parlamentsfraktion seiner Bewegung auf; die Abgeordneten schließen sich zur *Union républicaine d`action sociale* (URAS) zusammen.

1954 wird Pierre Mendès- France zum Ministerpräsident gewählt; seine Aufgabe ist es vor allem, den Indochina-Krieg zu beenden; 1954 beginnen die Unruhen in Algerien. Mendès- France ist nicht imstande, eine Lösung der Algerien-Frage herbeizuführen und wird 1955 gestürzt.

vi.) Gaullismus an der Macht (1958-1968)

Der General de Gaulle wird 1958 durch den Präsidenten Coty an die Macht gerufen. Die Ereignisse in Algerien dürften ein entscheidender Mitgrund für diese Entscheidung gewesen sein. De Gaulle hatte Bedingungen gestellt- eine neue Verfassung soll verabschiedet werden und unumschränkte Gewalt für die Neuordnung des Staates für sechs Monate. De Gaulle wird zum Präsidenten der neugegründeten V. Republik gewählt. Die *Union für die neue Republik* [>>

Union pour la nouvelle république (UNR)(1958-1968)]- der Zusammenschluss der Anhänger de Gaulles- gewinnt die Wahlen zur Nationalversammlung.[16]

---

[12] Jacques Freymond gibt meiner Meinung nach ein eindrucksvolles und zugleich farbenfrohes Bild dieser Periode wider:

> *In Frankreich widerstand die in der Résistance dem Anschein nach wiedergefundene Einheit, die die drei großen Parteien - Kommunisten, Sozialisten und Volksrepublikaner - hatte zusammengehen lassen, nur kurze Zeit der Belastungsprobe des Regierens... Nach dem Rücktritt General de Gaulles (Januar 1946) durfte die Dreiparteienkoalition noch über ein Jahr, bis Anfang Mai 1947, am Leben bleiben. Aber in dieser Zeit konzentrierte sich die Aufmerksamkeit auf Verfassungsfragen; die Spannungen zwischen der kommunistischen Partei und ihren beiden Verbündeten mußten unaufhörlich weiterwachsen, jede grundsätzliche Entscheidung in Politik und Wirtschaft vereiteln und damit die allgemeine Unsicherheit zum Dauerzustand machen.*

[Freymond, J.: *Die Atlantische Welt*, S. 21f, in: Propyläen-Weltgeschichte, Berlin 1999]
[13] Vgl. Gildea, R.: *France since 1945*, Oxford 1996
[14] Vgl. Mann, G. (Hrsg.) *Die Welt von heute*, S. 17ff in: Propyläen- Weltgeschichte (S. 19180ff), Berlin 1999
[15] über 400 ehemalige Abgeordnete, Senatoren und Räte, die 1946 für national unwürdig erklärt worden waren, erhalten ihre Wählbarkeit zurück
[ibidem]

vi.a. Die Verfassung von 1958

Die neue Verfassung von 1958 wird per Volksabstimmung bestätigt. Drei Prinzipien kennzeichnen die neue Verfassung: die Autorität des Staatschefs, der den Premierminister und die Regierungsmitglieder ernennt, der für die Landesverteidigung verantwortlich ist und im Falle einer Bedrohung der Institutionen der Republik Sondergewalten ausüben kann (Art. 16); die Stärkung der Macht der Regierung, die mit dem Parlament sich das Recht teilt, Gesetze zu verabschieden (Art. 34 und 37); die Einschränkung der Parlamentsgewalt, das nicht mehr ständig tagt. Die Tagesordnung wird in diesem Zusammenhang von der Regierung vorgegeben, die auch die Verabschiedung von Gesetzen im Parlament durchsetzen kann, außer von Gesetzen, die zur Auflösung desselben führen würden (Art. 49§3). [17]

vi.b. Algerienpolitik

De Gaulle wird in seiner Algerienpolitik zuerst die Beibehaltung Algeriens als Teil des französischen Territoriums vertreten- 1958 erklärt de Gaulle den Algerienfranzosen, er hätte sie verstanden (>> *Je vous ai compris!*), danach ruft er aus: „Vive l`Algérie...française !", um später eine Kehrtwendung in Richtung Dekolonisation zu machen. Tatsächlich ist de Gaulle zwischen zwei Lagern geraten, und zwar zwischen dem der Algerienfranzosen, die für ein französisches Algerien eintraten und dem der öffentlichen Meinung in Frankreich selbst, die ein Ende des bewaffneten Konflikts in Algerien forderte[18].

1958 bietet de Gaulle den Algeriern eine umfassende Autonomie und verstärkte wirtschaftliche und soziale Unterstützung seitens Frankreichs, um den Konflikt[19] zu beenden, doch dieser Vorschlag wird abgelehnt.

1959 kündigt De Gaulle an, dass die Algerier das Selbstbestimmungsrecht erhalten und spätestens vier Jahre nach Wiederherstellung des Friedens über das Schicksal ihres Landes abstimmen sollen, doch dies provoziert eine aufständische Bewegung in Algier im Jänner 1960; Intellektuelle und Studenten fordern die Unabhängigkeit Algeriens.1961 ist das Prinzip der Selbstbestimmung per Volksabstimmung ratifiziert worden; die Reaktion davon ist ein Militärputsch in Algier, der aber von de Gaulle, der die vollen Machtbefugnisse des Art. 16 ausnutzte, vereitelt wird. Daraufhin wird die O.A.S. (>> *Organisation de l`Armée Secrète*), die die Gegner der Aufgabe von Algerien um sich sammelt und in weiterer Folge für spektakuläre Anschläge in Algerien und in Frankreich verantwortlich sein wird, gegründet.

---

[16] ibidem

[17] Vgl. Polin, C. *L`évolution des idées du XVIIIe au XXe siècle* [Cours de Civilisation Française de la Sorbonne, Semestre de Printemps 2003]

[18] und die Zustimmung der öffentlichen Meinung war für die Erhaltung de Gaulles an der Macht, der ja den Einfluss der politischen Parteien ablehnte, lebensnotwendig (Anm. des Verfassers).

[19] Allein 1957 wurden 400.000 französische Kontingentsoldaten nach Algerien abgezogen, um die Ordnung aufrecht zu erhalten. Die französischen Verluste beliefen sich 1957 auf 12000 Soldaten und Zivilisten.
[Mann, G. et al. (Hrsg.) *Die Welt von heute*, S. 111 in: *Propyläen- Weltgeschichte* (S. 19274f), Berlin 1999]

Im März 1962 werden die Verträge von Evian unterzeichnet, die Algerien seine Unabhängigkeit zusichern. Dies wird durch eine Volksabstimmung bestätigt.[20]

vi.c. Die Krise von 1962 und die Wahlrechtsreform

Die Macht des Staatschefs hat sich deutlich vergrößert, einerseits aufgrund der Persönlichkeit de Gaulles, andererseits aber auch aufgrund der Ereignisse in Algerien. Auf dieser Weise ist eine Domäne entstanden, die dem Präsidenten „vorbehalten" war: Algerien, die Landesverteidigung und die Außenpolitik. De Gaulle hat außerdem einen direkten Dialog mit der öffentlichen Meinung entwickelt: über Ansprachen im Fernsehen und im Radio, Presskonferenzen, über Volksabstimmungen sowie über zahlreiche Reisen innerhalb des Landes. Zusätzlich war die Regierung vollkommen unter dem Einfluss de Gaulles gestellt worden.

Mit dem Ende des Algerienkrieges hätte das politische Leben wieder ihren „normalen" Lauf nehmen sollen, aber de Gaulle will sich dem Einfluss der politischen Parteien entziehen. Nach dem gescheiterten Attentat auf de Gaulle (>>Petit Clamart) 1962, macht sich de Gaulle die sensibilisierte öffentliche Meinung zunutze, um eine Änderung der Verfassung zu beantragen, die die Wahl des Präsidenten durch Volksabstimmung ermöglichen sollte (>> *élection du Président de la République au suffrage universel*).[21]

Diese Ankündigung sorgt für ein großes innerpolitisches Aufsehen, aus dem eine politische Krise resultierte, da man befürchtete, der Präsident würde eine zu große Autorität erhalten. Die Regierung Pompidou wird von der Nationalversammlung gestürzt; de Gaulle löst daraufhin das Parlament auf. Die Volksabstimmung ratifiziert die Reform (62 % der Stimmen sind dafür). Die Gaullisten verzeichnen bei den Wahlen zur Nationalversammlung 1962 einen Kantersieg (32% der Stimmen, wo keine einzige Partei jemals über 30% der Stimmen erreicht hat).[22]

vi.d. Wirtschaftspolitik

Die Stabilisierung des Francs (sein Wert wird von de Gaulle an den des Goldes anstatt des US Dollars gebunden), die Aufrechterhaltung der positiven Haushaltbilanz, die Eindämmung der Inflation und die Marktöffnung der französischen Wirtschaft sind die Hauptpunkte der gaullistischen Wirtschaftspolitik. In den nächsten 10 Jahren wird Frankreich das größte und andauernste Wirtschaftswachstum seiner Geschichte kennen. Die gaullistische Wirtschaftspolitik besteht in der Wahrung der Eigenständigkeit der französischen

---

[20] Vgl. Roussel, E.: *De Gaulle*, Gallimard 2002
[21] Polin, C. *L`évolution des idées du XVIIIe au XXe siècle* [Cours de Civilisation Française de la Sorbonne, Semestre de Printemps 2003]
[22] Vgl.: Roussel, E.: *De Gaulle*, Gallimard 2002

Wirtschaft, indem hier auch der Staat in die Wirtschaft unterstützend eingreifen soll, sie aber im weiteren dem internationalen Markt geöffnet lassen sollte.[23]

vi.e. Außenpolitik

Die gaullistische Außenpolitik ist gekennzeichnet durch das Prinzip der Wahrung der nationalen Unabhängigkeit (>> *volonté d`indépendace nationale*). Das bedeutet die Ablehnung jeglicher Systeme, die eine Hegemonie beanspruchen (z.b.: Sowjetunion oder U.S.A.); daraus resultiert die gaullistische Politik der so genannten „troisième voie internationale" , die sich nämlich für die Blockfreiheit ausspricht und gleichzeitig eine Stärkung Frankreichs im außenpolitischen Vergleich sucht.[24] De Gaulle übt sich in der Politik des Gleichgewichts zwischen dem Ostblock und den Vereinigten Staaten- er bricht nicht mit der UdSSR und erkennt als erster Staat der Welt die DDR an, kämpft gegen die Vormachtstellung des Dollars an und setzt sich für die Unabhängigkeitsbestrebungen von verschiedenen Staaten in Afrika und Lateinamerika ein. Gleichzeitig verlässt de Gaulle die NATO und setzt sich für eine Bildung einer „europäischen Konföderation" ein (de Gaulle spricht von einem „Europe des patries")- als Gegengewicht zur Sowjetunion und den Vereinigten Staaten. In diesem Licht ist auch die deutsch-französische Versöhnung zwischen de Gaulle und Adenauer zu sehen.[25]

vi.f. Die Präsidentschaftswahlen von 1965

Nach 1962 entwickelt sich die Opposition gegen de Gaulle, vor allem im Bereich der Landwirtschaft, wo nach einer verstärkten Mechanisierung die Probleme einer agrarischen Überproduktion einsetzten sowie auch im Dienstleistungssektor, in welchem das Lohnniveau niedriger war als im privaten Sektors. Der Plan einer Stabilisierung der Wirtschaft (1963) soll die anwachsende Inflation sowie gleichzeitig auch das Budget wieder ins Gleichgewicht bringen, jedoch kommt es dadurch zum Anstieg der Arbeitslosigkeit. Bei den Wahlen von 1965 hat de Gaulle gegen sich Mitterand, der das Ausmaß der persönlichen Macht de Gaulles kritisiert. Es kommt zu einer Stichwahl, wonach de Gaulle mit 55% der Stimmen wieder gewählt wird. Der Gaullismus verliert indes an politischen Boden.

vi.g. Die Krise von Mai 1968 und das Ende der gaullistischen Republik

Bei den Nationalratswahlen 1967 gewinnen die Gaullisten [sc. *Union pour la nouvelle république* (UNR)(1958-1968)] mit 38% der Stimmen. De Gaulle ist indes bestrebt, seine Politik weiterhin durchzusetzen und die

---

[23] Yergin, D. et al. *Staat oder Markt*, Frankfurt/ Main, 1999
[24] eine Maßnahme, die diese Politik ganz deutlich macht, ist etwa der Beschluss de Gaulles, eine nationale Atomstreitkraft zu bilden (>>*force de frappe*) [Anm. des Verfassers]
[25] Vgl.: Gildea, R.: *France since 1945*, Oxford 1996

11

Rolle des Parlaments stärker zu reduzieren. Als Folge fängt die öffentliche Meinung, trotz seines persönlichen Prestiges, an, sich gegen de Gaulle zu wenden.

Die Krise von Mai 1968 trägt zusätzlich zum Machtverlust de Gaulles bei. Angefangen als studentischer Protest in Nanterre gegen die Geschlechtertrennung in den Studentenheimen, dem sich immer mehr Universitäten und Gewerkschaften anschlossen, artet dieser in eine regelrechte, landesweite Protestwelle gegen die Konsumgesellschaft und ihre sozialen und kulturellen Eigenheiten aus. Während zwei Wochen befindet sich ganz Frankreich im Generalstreik. Es folgt ein mehrtägiges Schweigen seitens der Machthaber, die taten- und machtlos den Ereignissen beiwohnen. Die Gewerkschaftsabkommen von Grenelle werden daraufhin unterzeichnet und bewirken eine deutliche Steigerung des Lohnniveaus. Die Krise wird schlussendlich durch die Ankündigung de Gaulles, neue Wahlen abzuhalten, beendet. Die Angst vor dem politischen Vakuum für den Fall der Niederlage der Gaullisten sowie Unstimmigkeiten zwischen den Studentenbewegungen und den Gewerkschaften erklären den Sieg der Gaullisten bei den Wahlen von 1968 (43% der Stimmen). [26]

Dieser Sieg ist jedoch weniger ein Triumph de Gaulles sondern eher ein Sieg der Angst. Der Staatschef versucht es, eine Regionalreform durchzusetzen, doch dem widersetzt sich die Volksabstimmung. De Gaulle dankt sofort danach ab.[27] Er stirbt am 9. November 1970.

---

[26] Polin, C. *L`évolution des idées du XVIIIe au XXe siècle* [Cours de Civilisation Française de la Sorbonne, Semestre de Printemps 2003]

[27] Da de Gaulle nun die Legitimität des höchsten Souveräns, die des Volkes nämlich, was für ihn und die gaullistischen Doktrin eine Voraussetzung sine qua non ist, um die Legitimität seiner politischen Macht rechtfertigen zu können, nicht mehr hatte, ist für de Gaulle die einzig logische Konsequenz einer Abwendung der öffentlichen Meinung die Abdankung (Anm. des Verfassers).

vii.) Gaullismus nach de Gaulle (1969-

In der Zeit nach dem Tode Charles de Gaulles werden die gaullistischen Ideen von zwei Bewegungen vertreten- von der *Union de défense de la république (UDR)(1968-1971)*, deren wichtigster Vertreter Georges Pompidou ist, der sich auch offen zum Gaullismus bekennt. Nach dessen Tod wird eine neue gaullistische Union gegründet, und zwar die *Union des démocrates pour la Ve république (UDR)(1971-1976)*. Nach der Niederlage von Jacques Chaban-Delmas bei den Präsidentschaftswahlen 1974 gründet Jacques Chirac, in der Absicht einer Erneuerung der gaullistischen Ideen, eine neue gaullistische Bewegung, die RPR (*Rassemblement pour la République*), doch gibt es nun Auseinandersetzungen, ob denn der Neogaullismus immer noch ein Gaullismus sei oder nicht. Wie dem auch sei, es ist jedenfalls klar, dass die Ideen Charles de Gaulles auch nach seinem Tod weiterleben.

viii.) CONCLUSIO

Der Gaullismus- die Philosophie und die politische Doktrin von de Gaulle- der nun schon seit mehr als sechzig Jahren existiert, hat Frankreich und sein Bild, so wie wir es heute kennen, in entscheidender Weise mitgeprägt. Wenn ich an die Politik von Jacques Chirac denke, etwa seine Haltung den Vereinigten Staaten gegenüber in der Frage einer möglichen Intervention Frankreichs im Irak, die Bestrebungen Frankreichs, mit anderen Mitglieder der Europäischen Union eine NATO- unabhängige EU- Streitkraft zu bilden oder an die Maßnahmen, die in Frankreich gesetzt werden, um die französische Sprache vor Anglizismen zu schützen, so kann ich nicht umhin, als an das Gedankengut des Gaullismus zu denken, an das Ideal eines blockunabhängigen Frankreich und an ein starkes Europa, das auch ohne die Bevormundung der Vereinigten Staaten existenzfähig wäre.

De Gaulle starb 1970, „un géant parmi les hommes", wie viele seiner Anhänger sagen sollten. Und der Gaullismus, kann es einen Gaullismus ohne de Gaulle geben? Diese Frage habe ich wohl selbst schon beantwortet.

xix.) BIBLIOGRAPHIE

Agulhon, M.: *De Gaulle. Histoire, symbole, mythe*, Paris 2000

Bracher, K. F. *Zusammenbrunch des Versailler Systems und Zweiter Weltkrieg*, in: Propyläen-Weltgeschichte, Berlin 1999

Freymond, J.: *Die Atlantische Welt*, in: Propyläen-Weltgeschichte, Berlin 1999

Gildea, R.: *France since 1945*, Oxford 1996

Lacouture, J.: *De Gaulle 1-3*, Paris 1984-86

Mann, G. et al. (Hrsg.) *Die Welt von heute*, in: *Propyläen- Weltgeschichte* , Berlin 1999

Polin, C. *L`évolution des idées du XVIIIe au XXe siècle* [Cours de Civilisation Française de la Sorbonne, Semestre de Printemps 2003]

Roussel, E.: *De Gaulle*, Paris 2002

Touchard, J.: *Le gaullisme 1940-1969*, Paris 1978

Yergin, D. et al. *Staat oder Markt*, Frankfurt/ Main, 1999